Aribert Stachowiak
Skandinavisches Buffet

Aribert Stachowiak

Skandinavisches Buffet

Eine Finnlandreise,
so bunt wie ein Smörgåsbord

edition fischer
im
R. G. Fischer Verlag

Die mit Rep. gekennzeichneten Aufnahmen wurden
mit freundlicher Genehmigung der Finlandia-Line gedruckt.

CIP-Titelaufnahme der Deutschen Bibliothek

Stachowiak, Aribert:
Skandinavisches Buffet : eine Finnlandreise, so
bunt wie ein Smörgåsbord / Aribert Stachowiak. –
Frankfurt (Main) : R. G. Fischer, 1991
  (Edition Fischer)
  ISBN 3-89406-225-8

© 1991 by R. G. Fischer Verlag
Wilhelmshöher Straße 39, 6000 Frankfurt 60
Alle Rechte vorbehalten
Satz-Service: Hannelore Kniebes, Titlmoos
Schriftart: Palatino 11/14˙n
Herstellung: Druckerei Ernst Grässer, Karlsruhe
Printed in Germany
ISBN 3-89406-225-8

Wer in Finnland war und Kalakukko nicht gegessen hat, war nicht in Finnland. Es gibt kein berühmteres finnisches Gericht. Sein Ursprung: Die Provinz Savo in Mittelfinnland. Kalakukko bedeutet Fischhahn. Nur mit viel Fantasie kann man eine Ähnlichkeit zwischen der Form der Pastete und der eines ofenfertigen Hähnchens feststellen!

Mai 1971

Ein schwerer Wagen rollt fast geräuschlos auf den Parkplatz vor dem Hochhaus.
In ihm sitzt ein Paar.
Der Mann hat die Mütze tief in das kantige Gesicht gezogen. Hinter der dunklen Brille blickt er ein wenig finster drein.
Die Frau neben ihm – eine Blondine – schaut ungeduldig aus dem Seitenfenster des Autos heraus.
Sie spricht mit dem Mann.
Dieser steigt jetzt aus, geht zur Haustür, klingelt und kommt zum Auto zurück. Die beiden erwarten offensichtlich jemanden.

Im Hausflur sind Personen zu erkennen.
Mit schwerem Gepäck erscheint ein zweites Paar.
Der Mann mit der Mütze steigt abermals aus dem Auto und öffnet den Kofferraum. Die zwei Männer beginnen mit dem Verstauen des Gepäcks. Es ist mühsam, die zusätzliche Bagage unterzubringen.
Die beiden packen mehrfach um, bis es paßt! Jeder Winkel wird ausgenutzt. In die noch vorhandenen Lücken wird Kleingepäck hineingezwängt. Sogar eine Perücke mit Styroporkopf muß noch hinein!
So chaotisch es im Kofferraum aussieht, es hat alles seinen Platz gefunden.

Die beiden Frauen haben sich inzwischen begrüßt und auf den hinteren Sitzen Platz genommen. Sie sind in ein eifriges Gespräch vertieft!

Der Kofferraum kann geschlossen werden.
Der zweite Mann setzt sich auf den Beifahrersitz und legt den Gurt an, während der Fahrer des Wagens sich wieder

hinter das Steuer klemmt. Erst jetzt, nachdem die Verlade fertig ist, begrüßen sich die Männer. Ein kurzes Gespräch, dann startet der Fahrer den Motor, wendet und verläßt so geräuschlos wie er kam den Parkplatz.
Die Route war, den Vorplanungen zufolge, nach Norden über die Rhön-Autobahn festgelegt.

Der Wagen rollt aus der Stadt hinaus und erreicht die Autobahn. Während der langen Fahrt ist Zeit, die Insassen des Autos vorzustellen.
Henri und Ruth sind die Besitzer des PS-starken Autos. Tora und Berti die Begleiter.

Sie haben einen gemeinsamen Coup vorbereitet und sind dabei, ihn nun auszuführen.
Da auch eine Seereise zu der Strategie gehört, waren viele Dinge vorzubereiten. Damit alles in einer Hand liegt und um Überschneidungen zu vermeiden, hatte sich Ruth um die Schiffspassage und den Transfer des Autos gekümmert. In vorherigen Telefonaten waren Termine und Ergebnisse abgesprochen worden.
Da die beiden Paare etwa hundert Kilometer voneinander entfernt wohnen, mußte auf diese Weise alles gut aufeinander abgestimmt werden.

Es ist der 23. Mai, elf Uhr.
Das Wetter im süddeutschen Raum ist noch durchwachsen. Es verschlechtert sich, je weiter man nach Norden gelangt. Diese Tatsache fördert nicht gerade den planmäßigen Ablauf des Vorhabens. Es gilt der Beschluß, keine Pause einzulegen, um die erste Etappe möglichst schnell hinter sich zu bringen.

Henri fährt zügig ohne zu rasen.
Da taucht hinter ihnen ein Porsche auf, der rasant heranfährt und in geringem Abstand hinter Henris Wagen bleibt. Zunächst nimmt keiner der Wageninsassen davon Notiz. Aber als Berti zufällig in den rechten Außenspiegel sieht und den dicht aufgefahrenen Porsche hinter sich bemerkt, wird er stutzig!
Der Verfolger bleibt auf Tuchfühlung.
Berti sagt zu Henri:
„Du, da hängt einer seit ein paar Kilometern hinter uns. Was will der wohl?"
Henri guckt kurz in den Rückspiegel und antwortet:
„Ich weiß, der ist seit ein paar Minuten dran! Also wenn es dem Spaß macht, soll er doch dran bleiben!"

Henri verlangsamt nun allmählich das Tempo. Auch der Porsche bremst ab. Er bleibt auf gleichem Abstand! „Gefährlich nahe", meint Berti. Henri antwortet: „Achtung Ausfahrt!"
Er biegt ziemlich spät von der Autobahn E 4 auf die E 70 ab!
Der Porsche schießt an ihnen vorüber! Berti sieht die Bremslichter des Porsche aufblinken. Aber für den ist es zu spät. Der hat die Ausfahrt nicht mehr erwischt!

Henri beschleunigt seinen Wagen wieder.
„Was wollte der denn", fragt Berti.
„Der hat uns wohl verwechselt", antwortet Henri.
Diese Antwort befriedigt Berti nicht, er fragt jedoch nicht weiter nach. Aber irgendwie beschäftigt ihn der Vorfall eine Zeitlang. Die beiden Frauen im Fond haben von alledem nicht viel mitgekriegt.

Die Fahrt geht an den Städten Fulda, Kassel, Göttingen, Hildesheim und Hannover vorüber. Das Wetter verschlechtert sich zusehends. Es folgen Regengüsse! Vor Soltau verlassen sie die Autobahn und steuern das vorgesehene Hotel in der Stadt an. Hier werden zwei Doppelzimmer belegt und das Gepäck sorgsam ausgeladen und auf das Zimmer gebracht. Man will nichts riskieren und läßt nur Unwesentliches im Auto zurück.
Nach einer erfrischenden Dusche und dem Wechsel der Kleidung finden sich alle im Restaurant ein.
Bei der Tischwahl ist man noch unentschlossen. Ein freundlicher Ober empfiehlt Plätze an einem Raumteiler, mit gutem Überblick über den ganzen Saal, und bemüht sich, seine Gäste mit den Spezialitäten der Region bekannt zu machen.
Er schlägt vor:

Hamburger Aalsuppe,
Hechtschnitten, gebacken
mit Petersilienkartoffeln
und Bearner Soße,
dazu einen spritzigen Mosel,
sowie rote Grütze.

Das Menü wird akzeptiert!
Den Abschluß des Essens bilden noch einige Malteser als Schlaftrunk!

Zum Frühstück lassen sie, zu der üblichen Marmelade und Butter, noch Aufschnitt auffahren. Es wird ein reichhaltiges Frühstück!

Gegen achtuhrdreißig erfolgt die Weiterfahrt nach Hamburg.
Dort angekommen, durchfährt Henri die größeren Stra-

ßen der Innenstadt und umrundet die Binnenalster. Im Kaufhaus Horten wird im „Kupferspieß" eine Mahlzeit eingenommen. Hier beläßt man es bei:
Schnitzel mit Kartoffelsalat.

Weil das Wetter nicht günstig ist, fährt man weiter nach Lübeck. In der Nähe des Holstentores suchen sie ein Café auf, das wegen des schlechten Wetters gerammelt voll ist. Sie finden einen Tisch in der Mitte des Raumes und bestellen Kaffee. Da man nun mal in der Marzipanmetropole ist, wird auch eine Packung mit diesem speziellen Schmankerl der Stadt eingekauft. Als kleine Wegzehrung für unterwegs. Von Lübeck aus ist es nur noch ein Katzensprung bis zum Hafen von Travemünde.

Um fünfzehn Uhr treffen sie am Scandinaviakai ein und postieren das Auto an zweiter Stelle der später zu verladenden Fahrzeuge an der Anlegestelle der „Finlandia".

Sie wechseln bei der Finlandia-Linie die Passagierkupons in Landungskarten und erhalten gleichzeitig ihre Mahlzeitengutscheine.
Da bis zum Einlaufen des Schiffes noch viel Zeit verbleibt, begeben sich die vier in das Fährhafenrestaurant „Scandinavia". Dort verzehren sie im Laufe des Nachmittags diverse Lachstoasts und Putersteaks.
Getrunken wird Pernod. (Große Mode zur damaligen Zeit.) Später folgen noch einige Gläser Glühwein.
Am Nachbartisch trinkt ein Gast unentwegt Irish-Coffee. Es ist nicht auszumachen, ob er mehr den Kaffee oder den Whisky mag.
Sicher ein Skandinavier, der auf diese Weise zu einer Extraration Alkohol kommen will! Er ist später jedenfalls ganz schön duhn!

Um achtzehn Uhr taucht die „Finlandia" aus dem Regenschleier auf. Sie macht an ihrem Liegeplatz fest.

Finlandia-Line    TRA-HEL

ATERIAKUPONGIT

MÅLTIDSKUPONGER

MAHLZEITSGUTSCHEINE

MEAL COUPONS

SUOMEN HÖYRYLAIVA OSAKEYHTIÖ
FINSKA ÅNGFARTYGS AKTIEBOLAGET
FINNISCHE DAMPFSCHIFFAHRTS A.G.
FINLAND STEAMSHIP CO. LTD
HELSINKI – HELSINGFORS

Die angekommenen Passagiere verlassen das Schiff. An ihre Stelle rückt eine riesige Reinigungskolonne.
Um zwanzig Uhr, zur Verladung der Fahrzeuge und zum Einlaß der neuen Passagiere, muß der Dampfer wieder strahlend sauber sein!

Die Freunde verlassen die Gaststätte und laufen durch den strömenden Regen zum Auto.
Um zwanziguhrfünfzehn fährt Henri mit seiner Begleitung über die Rampe in den riesigen Bauch der Fähre und bekommt im Fahrzeugdeck einen Platz nahe der Ausfahrt zugewiesen.
Die hier unten tätigen Matrosen sichern jeden Wagen sofort ab und hängen mit gekonnten Griffen die Bodenverankerung ein.

Die Fähre beim Passagierwechsel in Travemünde

Das Gepäck muß ausgeladen werden. Bei voller Beladung des Schiffes sind die Fahrzeuge während der Überfahrt nicht mehr erreichbar. Erst bei der Ankunft in Helsinki kann sich die verwirrende Enge im Laderaum wieder reibungslos auflösen.
Die vier werden jetzt von freundlichen Stewardessen in Empfang genommen und zu ihren Doppelbett-Innenkabinen im A-Deck geleitet.

Eine schmale Kabine nimmt sie auf.
Links die Kojen, übereinander angeordnet, dahinter ein schmaler Schrank und die Tür zur Naßzelle (Dusche und WC).
Klein aber fein.

Tora und Berti machen es sich gleich gemütlich und packen aus, was man so während der Schiffsreise anzuziehen gedenkt. Diese Sachen verstauen sie im Schrank.
Der Rest bleibt in den Koffern.
Es soll alles seine Ordnung haben. Schließlich ist man ja zweieinhalb Tage an Bord.

Als das erledigt ist, trifft man sich mit Ruth und Henri vor dem Speisesaal. Dort erhalten sie von der Chefstewardesse ihre für die gesamte Reise geltenden Tischreservierungen. Ihr Platz ist nahe dem Buffet, in der Mitte des Raumes.

Das abendliche Dinner, ein umfangreiches Menü mit fünf Gängen:

Kesäkeito,
finnische Sommersuppe mit Möhren,
grünen Bohnen, Blumenkohl, Spinat.

*Erbsen in Fleischbrühe und frischem
Landbrot.*

Finnische Fischbällchen,
*aus Kabeljaufilets und Sardellen,
mit viel Gewürzen sowie Dillsoße,
dazu Bier.*

Lappsmörgas,
*Rentierschinken auf gegrilltem
Toast mit Butter.
Mit einem Aquavit als Begleitung.*

Pirakka,
*Seelachsfilets im Blätterteig,
mit schaumig gerührter Butter
und feingehackten Eiern,
dazu Tomatensalat.*

Nußdessert,
*– eine Kalorienbombe –
aus Walnußkernen, Apfelstückchen,
Honig, Coctailkirschen und Sahne!*

Nach diesem opulenten Mahl muß man unbedingt an die Bar! Aus dem fast unübersehbaren Angebot an Getränken galt es etwas zu finden, das sowohl munden als auch die Verdauung unterstützen sollte.
Inzwischen läuft das Schiff aus dem Travemünder Hafen aus. Das Wetter ist unverändert! Regen und Wind!
Als die Fähre aus der Lübecker Bucht herauskommt, spürt man sofort, daß es draußen auf der Ostsee rund geht!

Ein kurzer, harter Wellengang schlägt gegen die Bordwände!
Die Ostsee ist für diese Art Dünung berüchtigt!

Doch die „Finlandia", mit Stabilisatoren ausgerüstet, verhindert das seitliche Schlingern! Das Aufbäumen des Rumpfes in der Längsrichtung ist dagegen unvermeidlich.
Die ersten Brecher gehen über das Vorschiff und die Fähre verneigt sich tief vor der Königin Ostsee!

Die Freunde halten es nun für angebracht, sich in die horizontale Lage zu begeben, bevor die Seekrankheit sie einholt! Da der Boden unter ihnen immer wieder nachgibt, torkeln sie durch die Gänge, als hätten sie einen zuviel in der Krone!
Nach Erreichen der Kabinen nichts wie rein in die Kojen!
Tora will unbedingt oben schlafen.
Damit bei Seegang niemand aus den Betten kippen kann, sind oberhalb der Matratzen Längsleisten angebracht, über die man hinwegsteigen muß, um auf die Liegestatt zu gelangen!
Neben jedem Bett, anstatt des obligatorischen Nachttisches, hier eine Vorrichtung für die Aufnahme einer Flasche und eines Glases. Auch bei härtester See sind so die Getränke gesichert. Es ist also an alles gedacht, stellen die beiden befriedigt fest!

Das Bettzeug ist angenehm kuschelig!
Ein ganz neues Schlafgefühl!
Im Schiffsrumpf dröhnt es erheblich.
Man spürt auch im Liegen, wie die Fähre gegen den Sturm anzukämpfen hat. Berti glaubt kein Auge zutun zu

können. Jedoch das gleichmäßige Summen der Klimaanlage fördert den Schlaf.
Plötzlich wird Berti unsanft aus seinen Träumen gerissen. Er spürt, das Schiff bockt!
Es muß ein besonders schwerer Brecher über Bord gegangen sein. Er lauscht. Wird es Alarm geben?
Aber nichts rührt sich, der Lautsprecher bleibt still.
Tora schläft ruhig weiter.
Jetzt, ein Klirren in der Naßzelle!
Dort ist sicher eines der Zahngläser von der Konsole gefallen, denkt er noch und fällt gleich darauf in einen Tiefschlaf. Als er wieder wach wird, fühlt er sich ausgeschlafen. Wie spät wird es wohl sein? Er will kein Licht einschalten, um Tora nicht zu stören. Er empfindet es als unheimlich, so gänzlich ohne Kontakt zur Außenwelt, inmitten des Schiffsrumpfes. Aber Innenkabinen haben nun mal keine Bullaugen! So ist eine Zeitabschätzung nicht möglich. Man kann sich weder am Mond noch an der Sonne orientieren!

Berti stellt nach einiger Zeit mit Befriedigung fest, daß das Schiff jetzt etwas ruhiger läuft. Nur das leichte Vibrieren des Rumpfes, hervorgerufen durch die Schiffsturbinen, ist noch vernehmbar. Der Sturm muß also nachgelassen haben!

Da bewegt sich Tora in ihrer Liege über ihm.
Berti spricht sie an und schaltet das Licht ein.
Sie räkelt sich und sagt, sie habe noch nie so gut geschlafen, wie in dieser Sturmnacht!
Berti ist erleichtert.
Er klettert aus der Koje, um nachzusehen, was da nachts nebenan so geklirrt hat.

Er findet alles an seinem Platz.
Kein Glas oder sonstiges Gebinde ist zerbrochen!
Er erzählt Tora vom Klirren in der Nacht.
Die lächelt nur und sagt: „Das war der Klabautermann!"

Nach einer erfrischenden Dusche richten sich die beiden zum Frühstück her. Es ist sechsuhrdreißig. Auf dem Weg zum Speisesaal werfen sie noch einen Blick aus dem Bullauge, das sich am Ende des Ganges befindet.
Eine herrliche Aussicht, das am Schiffsrumpf vorbeirauschende Wasser und die weite See!
„Da ist doch Land, wir müssen bald in Kopenhagen sein", sagt Tora plötzlich.

Auf dem Weg zum Aufgang klopfen sie noch an die Kabine von Ruth und Henri.
Ein bißchen schwerfällig meldet sich Henri: „Ach, ihr seid es?"
„Wie spät ist es denn?"
Berti sagt ihm die Zeit.
Bevor die beiden wieder gehen, ruft Ruth ihnen noch nach: „Wir kommen zum Frühstück nach, wartet nicht auf uns."

Als Tora und Berti den Speisesaal erreichen, herrscht dort schon ein erheblicher Betrieb!
In der Mitte des Raumes ist ein riesiges skandinavisches Buffet aufgebaut. Die beiden sind angesichts der Speisenvielfalt völlig verwirrt!
Sie gehen, jeder mit einem Teller in der Hand, einmal um den Tisch herum, der bestimmt zwanzig Meter lang ist.
Zunächst können sie sich für nichts entscheiden. Die Auswahl fällt wirklich schwer!

Bei der zweiten Umrundung des Buffets hat man schon einen besseren Überblick.
Jetzt weiß man, welche Salate oder Fischgerichte man gleich wegläßt, so daß die Wahl, ob warme oder kalte Speisen, leichter fällt. Die Entscheidung gegen Butter und Marmelade ist dagegen einfach!

Tora sagt zu Berti: „Wir nehmen uns nur von den Dingen, die wir üblicherweise sonst nicht essen und dabei wiederum jeweils nur einen Happen zum Kosten!"
Berti findet das genial und schickt Tora als Lotsen voraus!
So ein Frühstück haben sie noch nie genossen!

Anschließend besorgen sie sich beim Zahlmeister Berechtigungsscheine für eine eineinhalbstündige Besichtigungsfahrt mit einem Bus durch Kopenhagen.

Gerade als sie von Bord gehen, treffen sie auf Ruth und Henri, die sich zum Frühstück begeben.
Tora erzählt den beiden noch schnell von der Busfahrt und daß man sich später wieder an Bord treffen wird!
Tora und Berti gehen zum Ausgang.
Der Bus steht bereits an der Gangway. Die beiden suchen sich einen Platz im hinteren Teil des Busses, weil dort der Rundblick besser gegeben scheint.
Leider regnet es auch in Kopenhagen!
Während der ganzen Rundfahrt sind die Scheiben des Busses so stark beschlagen, daß sich die „Besichtigung" fast ausschließlich auf das gehörte Wort beschränken muß.
Eine Hostesse erläutert in englischer und deutscher Sprache die Sehenswürdigkeiten.
Als da sind:

Freiheitsmuseum,
Schloß Rosenborg,
Königliches Theater,
Rathaus Frederiksberg,
Zeughaus,
Tivoli.
(Der Vergnügungspark sieht bei dem tristen Vormittagswetter mehr als trostlos aus. Aber man kann sich vorstellen, was abends dort los sein mag!)

Bei der kleinen Meerjungfrau hält der Bus an, um den Fahrgästen Gelegenheit zum Fotografieren zu geben.
Trotz der ungünstigen Wetterverhältnisse bereuen Tora und Berti diesen Ausflug nicht.
Wieder an der Fähre angekommen, warten Ruth und Henri bereits an der Reeling.

Um elf Uhr legt die „Finlandia" wieder ab, verläßt den Hafen und steuert auf die Ostsee hinaus. Hier im freien Gewässer erfaßt der noch immer anhaltende Sturm das Schiff erneut!

Henri erzählt, daß der Kapitän gesagt hätte, er sei von der Heftigkeit des Sturmes mit Windstärke neun überrascht worden. Er hätte eigentlich nur bis Windstärke sechs fahren dürfen.

Als der Sturm seinen Höhepunkt erreicht hätte, wäre eine Umkehr nach Travemünde jedoch nicht mehr möglich gewesen. So hätte er den Sturm durchstehen und die ganze Nacht auf der Brücke verbringen müssen! Nun ja, die böse Nacht war überstanden!
Beim Lunch bleiben etliche Plätze leer!

Es ist erneut ein umfangreiches Buffet aufgeboten:
„Smörgåsbord".
Die Auswahl der Speisen ist genau so schwierig wie morgens! Henri empfiehlt das eine oder andere Gericht.
Tora und Berti teilen nicht unbedingt seinen Geschmack.
Also bleibt ihnen nichts anderes übrig, als wiederum das Buffet mehrfach zu umrunden und ihre Wahl zu treffen.

Die vier lassen es sich, trotz des Seegangs, gut schmecken.
Der Speisesaal, der im Mittelteil des Schiffes liegt, läßt die Bewegungen des Rumpfes kaum spüren. So verläuft das Essen ohne Störung.

Nach dem Lunch geht man in den Salon im Vorschiff.
Hier soll noch ein Drink den Schlußpunkt bilden.
Die halbrunde Verglasung des Raumes gibt den Blick zum Bug frei. Gemütlich im Sessel zurückgelehnt, schlürfen sie ihre Getränke. Nach einiger Zeit, als der Seegang wieder zunimmt und sie zum einen die Wellen vor dem Bug des Schiffes und gleich darauf nur wieder den Himmel sehen, beginnen ihre Mägen doch schon etwas auf diese Art der Bewegung zu reagieren!
Beschluß:
In die Kojen legen, um so das Auf und Ab zu kompensieren! Gesagt, getan!
Beim Ansteuern ihrer Kabinen müssen sie dann feststellen, daß viele Passagiere sich von der rauhen See keinesfalls beeindrucken lassen und fröhlich diesen Nachmittag genießen!
Wohl dem, der kann!!

Tora und Berti ziehen an diesem Nachmittag eine erholsame Ruhepause in der Koje vor!

Hier ein winziger Ausschnitt der angebotenen Speisen.

Der Sturm läßt nach und die See wird zusehends ruhiger. Dann kann man wohl später getrost zum Abendessen gehen, ohne durchgeschüttelt zu werden.

Pünktlich zum Dinner – der Hauptmahlzeit – treffen sich die Freunde wieder. Es gibt, wie bereits am Vortage, ein umfangreiches Menü.

Die Speisenfolge:
Hummercocktail,
mit Toast und Butter.

Finnische Lauchsuppe,
mit Landbrot und Streichmettwurst.

Schwedische Geflügelleberspießchen,
mit geriebenem Käse.

Hühnerbrust Pojarstki,
mit jungen Erbsen und
Kartoffelkroketten,
dazu Weißwein.

Tippaleivät,
ein Hefegebäck,
mit Preiselbeermus.

Sie entwickeln einen guten Appetit!
„Ja, die See macht hungrig", kommentiert eine Tischnachbarin. Sie muß es wissen! Sie hat schon mehrere größere Seereisen hinter sich. Bis in die Karibik, wie sie sagt!
Da man schon mal dabei ist, plaudern sie mit der Dame

noch einige Zeit. Sie hat gute Stories auf Lager!
Es ist amüsant und angenehm ihr zuzuhören!

Anschließend gehen die vier noch in den Salon und schwingen sich auf die Hocker an der Bar. Der überstandene Sturm muß gefeiert werden!

Sie bestellen nacheinander mehrere Drinks und prosten sich zu! Die Bezahlung der Getränke gestaltet sich zunächst für sie unüblich. Die Damen der Bedienung an der Bar nehmen das gebotene Trinkgeld nicht an und sind fast beleidigt.
Na, sowas muß einem ja gesagt werden!
In Zukunft machen die vier nie mehr den Versuch, großzügig zu sein. Sie spenden stattdessen einen Betrag in die Sammelbüchse für Schiffbrüchige.

An diesem Abend sitzen sie noch lange an der Bar, bis Ruth zum Aufbruch mahnt. Sie ist müde!
Das ist ein Befehl an die Runde, schlafen zu gehen!!
Sehr langsam wird diesem Wunsch entsprochen.
Also gut, es sollte ja auch mal wieder in die Kojen gehen.
Dabei sind die meisten Salongäste noch recht munter.
Also wünscht man sich gegenseitig „Gute Nacht" und verschwindet in die Kabinen. Diese Nacht verläuft ungestört.
Die Umgebung ist inzwischen auch schon viel vertrauter!

Am anderen Morgen scheint wieder die Sonne.
Die See jedoch ist immer noch recht rauh!

Frühstückszeit.
Wird das Frühstück wieder genau so kompliziert, wie am

Vortage! Das ist die jetzt anstehende, wichtige Frage!
Sie wissen immer noch nicht, wovon sie zuerst etwas vom Buffet nehmen sollen. Die Auswahl ist verwirrend umfangreich.
Kaum haben sie sich zu einer Wahl entschlossen, finden sie wieder etwas noch appetitlicheres! Ach, so ein Breakfast ist anstrengend! Es müßte eine Stunde vorher erlaubt sein, einen Blick auf das Angerichtete zu werfen, um sich einen Magenfahrplan zurechtlegen zu können. Denn ist man mit einer Mahlzeit fertig, hat man das Gefühl, das Beste doch übersehen zu haben!

Was soll's, dieses Frühstück ist auf der Hinreise nach Finnland ihr letztes an Bord.
Bei der Rückreise werden sie alles viel besser machen! Oder?

Die vier beschließen, an diesem Tag das Schiff zu besichtigen. Von der Brücke bis zum Schwimmbecken im D-Deck!

Auf diesem Weg kommen sie auch an den Plätzen der Sparklasse vorüber.
Die Passagiere der Sparklasse sind überwiegend junge Leute. Hippies, Gammler und junge Mütter mit ihren Babies usw.
In einem Raum am Heck sind für die Nacht Liegestühle aufgestellt, die bei Tagesanbruch von der Besatzung weggeräumt werden. Tagsüber müssen sich diese Reisenden einen Platz an Deck suchen und auch die Cafeteria, im gleichen Deck, für die Kabinengäste freimachen.

Ein Rundgang auf dem Oberdeck wird angeschlossen.

Beim Umrunden des Vorschiffes, unterhalb der Kommandobrücke, ist es mühsam, gegen den Fahrtwind anzukommen. Die Maschinen laufen auf vollen Touren und die Fähre dampft mit dreiundzwanzig Knoten gegen den Wind!

Ruth ruft plötzlich: „Ich bin blind!"
Der Wind hat ihr das Kopftuch vor die Augen geweht.
Der Schreck ist jedoch nur kurz. Henri hat das gleich wieder im Griff!
Anschließend wird es Zeit für die letzte Mahlzeit an Bord.

Das Buffet ist überaus festlich angerichtet!
„Die machen einem den Abschied wirklich schwer", konstatiert Ruth, angesichts der aufgebotenen Köstlichkeiten. Also gilt es erneut, die richtigen Speisen zu finden. Mit dem Teller in der Hand wird wieder das Buffet umrundet. Mal da einen Happen und dort etwas raffiniert Aussehendes, bis man meint, genug zu haben.
Am Tisch werden dann die vielen Leckerbissen erst einmal in die richtige Reihenfolge gebracht. Man kann ja schließlich nicht alles durcheinander essen!

Etliche Passagiere haben während der Fahrt miteinander Freundschaft geschlossen und feiern nun Abschied.
Die Stimmung steigt! Bald wird man in Helsinki sein.

Das Gros der Passagiere ist an Deck, um die Fahrt durch die Schären zu genießen.
Vorsichtig steuert der Lotse, der kurz vorher an Bord gekommen ist, mit kleiner Fahrt durch die Untiefen des Fahrwassers. Eine wunderschöne Landschaft tut sich auf!

Aus dem Wasser ragende rote Felsen, von den schräg einfallenden Sonnenstrahlen bizarr beleuchtet.
Als Kontrast dazu das tiefblaue Wasser!
Dann taucht Helsinki auf!
Die weiße Perle der Ostsee, wie die Stadt auch genannt wird.

Um sechzehn Uhr, wegen des Sturmes mit einer Stunde Verspätung, legt die „Finlandia" am Kai an.
Bereits vor der Einfahrt in den Hafen wurden die Passagiere über die Bordlautsprecher aufgefordert, zu ihren Fahrzeugen zu kommen. Die Entladung soll zügig vonstatten gehen.

Jetzt wird es eng!
Viele Bordgäste versuchen mit den Liften in das Autodeck zu gelangen. Das ist mit sperrigem Gepäck in den Liftkabinen nicht ganz einfach. Da gibt es Stauungen!

Henri hat das anders organisiert!
Die vier haben ihr Gepäck schon vor der Einfahrt in die Schären zum Wagen gebracht und alles ordnungsgemäß verstaut. Nur wenig Handgepäck ist zum Mitnehmen bereitgestellt. Sie haben also Muße, die Gegend zu bewundern und dann in aller Ruhe über die Abgänge zum Fahrzeugdeck zu gehen.
Ruth geht voraus.
Plötzlich sieht Berti, daß sich ein Gepäckkarren selbständig gemacht hat.
Er schreit durch den allgemeinen Lärm: „Ruth, paß auf!"
Ruth erkennt die Situation, und es gelingt ihr noch rechtzeitig hinter einen Pkw zu jumpen, ehe der Karren an den Reifen des Autos stößt und zurückfedert.

Na, ein Treffer hätte Beulen verursacht an den Karosserien! An der des Autos genau so wie an der von Ruth!

Im Fahrzeugdeck, auf dem Weg zum Auto.

Die Freunde erreichen ihr Automobil, noch bevor die Bugluke geöffnet wird. Ein Maat dirigiert das Ausfahren der Autos.
Es klappt wie am Schnürchen!
Vor Henri fährt eine Dame mit ihrem Carman Ghia als erste von Bord. Dann wird Henri eingewinkt.
Beim Überfahren der Stahlrampe stößt der Wagen mit dem Fahrzeugboden unsanft auf!
Henri befürchtet, dabei den Unterboden des Fahrzeuges beschädigt zu haben. Er kann jedoch jetzt nicht anhalten.
Die anderen Fahrzeuge drängen nach.
Am Kai fährt er zur Seite und hält an.

Henri schaut unter den Wagen, kann aber keinen sichtbaren Schaden feststellen.
Berti meint beruhigend: „Diese Marke hält schon mal einen kleinen Buff aus!"
Das beruhigt Henri!

Es geht weiter in die City von Helsinki.

Henri kennt sich da ein wenig aus.
Er hält vor mehreren Hotels an, um nach freien Zimmern zu fragen. Jedesmal ein abschlägiger Bescheid!
Die erste Planungslücke! Er hätte hier vorsorgen müssen.
In der Nähe des Hauptbahnhofs sagt Tora: „Halt mal an! Wir erkundigen uns bei der Zimmervermittlung im Bahnhof."

Berti steigt mit aus. Sie überqueren die Straße und gehen in den Bahnhof. Schnell finden sie den entsprechenden Schalter für die gesuchte Auskunft.
Dort sitzt eine nette, freundliche Dame, die sofort nach ihren Wünschen fragt.
Mit einer sprachlichen Mischung aus deutsch und englisch fragen sie nach einer Unterkunft. Die Blonde stöhnt auf und schüttelt den Kopf. Infolge eines derzeit stattfindenden Kongresses ist in Helsinki kein Zimmer mehr frei!

Nun stehen die beiden ein bißchen belämmert da.
Aber besagte Dame läßt sie nicht im Regen stehen. Wenn es recht ist, wird sie versuchen, in der Umgebung von Helsinki eine Unterkunft ausfindig zu machen. Natürlich sind Tora und Berti einverstanden. Der blonde Engel telefoniert in der Gegend herum und gibt sich wirklich große Mühe!

Dann hat sie es!
Freudestrahlend berichtet sie: In achtunddreißig Kilometer Entfernung, in einer Fliegerschule in Nummelan sind Zimmer frei, da zu dieser Zeit keine Fluglehrgänge stattfinden. Wenn das genüge, wird sie ein Vierbettzimmer vorbestellen. Na, besser als nichts!
Nur nicht erfolglos in der Gegend herumirren! Die beiden sind einverstanden und bitten um Buchung. Sie erhalten die Anschrift der Fliegerschule, eine Fahrtskizze sowie die Buchungsbestätigung.
So ausgerüstet, kehren sie zu Henri und Ruth zurück. Die sind sehr erleichtert, daß etwas gefunden ist.

Henri wird nun auf die richtige Strecke dirigiert. Nachdem man Helsinki verläßt, zeigt sich die Gegend ländlich und später auch noch morastig.
Henri glaubt schon, sich verfahren zu haben. Als Nummelan erreicht ist, fragen sie sich mühsam zur Fliegerschule durch. Endlich haben sie es geschafft!
Berti geht zur Anmeldung und zeigt einem jungen Mann die Reservierungsbescheinigung. Eilfertig spricht dieser auf Berti ein, der natürlich kein Wort versteht.
Als der junge Mann merkt, daß er den falschen Gang eingelegt hat, versucht er es in gebrochenem Deutsch. So kommt man sich näher!

Er zeigt den neuen Gästen das Vierbettzimmer. Die Betten sind jeweils zu zweit übereinander angeordnet.
Die ganze Einrichtung des Hauses ist dem sportlichen Charakter der Schule angepaßt. Zweckmäßig und ohne Schnörkel. Die Möbel bestehen aus den Naturhölzern der Gegend. Gleich neben dem Zimmer befindet sich ein Waschraum mit WC.

Zu essen gibt es dort am Abend nichts mehr. Aber ein Frühstücksbuffet steht für den nächsten Tag zur Verfügung. Na, ein Trost, daß es dann wenigstens etwas zu Mampfen gibt! Die Freunde haben ja noch einige Knabbereien im Gepäck, die als Abendbrotersatz aufgeteilt werden.
Dann klettern sie in die Betten, löschen das Licht und Tora erzählt solange Gruselgeschichten, bis alle eingeschlafen sind.

Als der Morgen dämmert, werden sie allmählich wach. Es soll ausgelost werden, wer als erster in den Waschraum gehen kann. Berti, der Frühaufsteher, meldet sich und ist sofort bereit.
Die anderen genießen es, noch eine Weile im Bett bleiben zu können. Keiner drängelt sich darum, als zweiter aufzustehen.
Doch als dann alle gewaschen und gekämmt sind, sucht man den Gemeinschaftsraum auf, in dem das Frühstücksbuffet angerichtet ist.
Ein wenig zögernd suchen sie sich ihre Plätze aus und warten. In der ganzen Schule ist kein Mensch zu sehen. Nichts rührt sich.
Berti sagt: „Hier muß man sich offensichtlich selbst bedienen." Sie inspizieren das Buffet.
Es ist alles da was man sich wünscht! Brot, Knäckebrot, Butter, Wurst, Käse und vieles mehr. Thermokannen mit heißem Kaffee und heißes Wasser für die Teebereitung sind vorhanden, Teebeutel gibt es genug.

Die Tische sind mit weißem Porzellangeschirr gedeckt und überall stehen Blumen.
Sieht ja alles sehr gut aus. Ob das alles nur für sie herge-

Das Schmuckstück des Aufenthaltsraumes mit Kamin.

richtet ist? Wenn ja, dann ist das aber eine noble Geste!
„Komisch, daß sich keiner um uns kümmert", sagt Ruth.
„Worauf warten wir noch, bedienen wir uns doch", erwidert Tora. Alle langen ordentlich zu.
Oh Gott, welche Enttäuschung! Die Butter ist unheimlich salzig. Bei Wurst und Käse ist es nicht viel anders!
Henri stöhnt: „Die werden doch nicht die Butter versalzen haben?"
Sie quälen sich einige Bissen hinein, ohne richtig befriedigt zu sein. Berti geht schnell auf Marmelade über, mit der Bemerkung: „Die wird ja wohl nicht versalzen sein!"
Er hat recht, aber von Sattessen ist keine Rede!
Sie trinken mehrere Tassen Kaffee. Der schmeckt sehr gut. „Den Rest des Frühstücks können die hier behalten", erklärt Henri!
Berti geht leicht verärgert zur Anmeldung und findet nach einigem Suchen auch den Mann, der sie am Vorabend in Empfang genommen hat.
Er bezahlt die Rechnung.
Ein geringer Betrag!
Wenn das so ist, sei ihnen auch das versalzene Frühstück verziehen!

Von Nummelan fahren sie über Helsinki nach Porvo. Henri besteht darauf, hier eine finnische Familie zu besuchen, die er von dienstlichen Aufenthalten her seit langem kennt.
Ruth und Tora halten nicht viel davon und wollen, daß Henri weiterfährt. Aber der ist nicht zu halten und parkt das Auto in Porvo vor dem angesteuerten Haus. Er geht zunächst allein zur Haustür und klingelt. Die Wageninsassen vernehmen eine stürmische Begrüßung durch die Dame des Hauses.

Henri hat anscheinend den Grund seines Hierseins erklärt!
Eine dunkelhaarige Schöne tritt aus der Haustür und kommt zum Wagen. Sie lädt die restliche Mannschaft ein, ins Haus zu kommen. Man will nicht so recht! Aber Henri unterstützt die Beschwörungen der Hausherrin massiv!
Wenn es also unbedingt sein muß?
Na schön!
Ruth, Tora und Berti fügen sich.
Sie gehen in das Haus.
Henri kennt sich offensichtlich gut aus und wird von der Hausfrau geduzt! Er gesteht ferner, bevor die Dame es tut, in diesem Haus einige Saunaabende verbracht zu haben!
Na, na!!!
Was tun sich da für Abgründe auf?
Stop, ein Hundsfott, wer Schlechtes denkt!

Die Dame des Hauses spricht schwedisch und wenn sie es langsam genug tut, wird sie auch von den drei Reisegenossen gut verstanden. Der eine oder andere Begriff ist zwar fremd, aber die Zusammenhänge sind deutbar. Andererseits ist es für die Frau kein Problem, Deutsch zu verstehen.

Sie besteht darauf, daß ihre überraschend aufgetauchten Gäste zum Mittagessen bleiben. Die Einladung wird angesichts des wenig erfreulichen Frühstücks angenommen.
Es erscheint auch bald darauf der telefonisch benachrichtigte Ehemann, der Henri stürmisch begrüßt!
Sie haben sich ja schon lange nicht mehr gesehen!
Auch der Hausherr lädt zum Bleiben ein!

Nach einer halben Stunde bittet die Dame zu Tisch.
Gegessen wird an einer runden Tafel, die in der Mitte einen ebenfalls runden, drehbaren Aufsatz hat, auf dem die Speisen aufgebaut sind. „Sehr praktisch, man kommt auf diese Weise immer an das heran, was man gerne haben möchte, ohne seine Tischnachbarn bemühen zu müssen", bemerkt Tora!

Es wird auch über den weiteren Verlauf der Reise gesprochen. Dabei bekommen die Gäste ein paar Tips über mögliche Unterkünfte. Zu dieser Jahreszeit, kurz vor Pfingsten, ist in Finnland kaum ein freies Zimmer zu bekommen! Es beginnen die Schulferien, die bis zum Herbst dauern. Die wenigen Hotels und Pensionen an den finnischen Seen sind dann von den Einheimischen voll ausgebucht!

Hier zeigt sich ein zweites Loch in der Planung. Auch das hätte Henri berücksichtigen müssen.
Die Organisation weist also abermals Schwachstellen auf!

Man kann doch in ein fremdes Land nicht einfach einreisen, ohne zu wissen, was sich da tut!
Berti zu Tora: „Na, hoffentlich entwickeln sich aus dieser Situation nicht noch weitere Pannen!"
Der Hausherr, der fließend Deutsch spricht, meint gelassen, ein Blockhaus mit Sauna bekämen sie allemal. Das war aber nicht das erhoffte Ziel. Berti und Tora steht nach einer solchen Behausung mit Selbstversorgung nicht der Sinn. Die Fliegerschule war ihnen Erfahrung genug! Hatte Henri etwa darauf spekuliert, daß der Zimmernotstand die beiden Skeptiker in eine Holzhütte treiben würde?

Die Frauen drängen zum Aufbruch!
Man will fahren, um noch eine Unterkunft zu finden, bevor es dunkel wird.
Henri zeigt sich nicht gerade entschlußfreudig!
Berti hat den Eindruck, der Bursche würde am liebsten hier bleiben! Aber einerseits kann man den Leuten nicht zumuten, unverhofft vier Personen aufzunehmen, wenngleich es der Hausfrau gepaßt hätte – sie schien Gäste zu sammeln, wie andere Leute Briefmarken – andererseits haben Tora und Berti keine Lust, bei Fremden zu campieren. Ruth ist diese Situation äußerst unangenehm!
Was hat Henri hier alles getrieben, denkt sie.
Schließlich muß sich Henri der Mehrheit fügen und wieder ins Auto steigen. Noch ein letzter Gruß zurück, und es geht weiter.

Henri fährt nach Lapeenranta und kommt durch die von mächtigen Festungswällen umsäumte Pforte in den Teil der Stadt, in dem sich die ältesten Bauwerke befinden, die sie im Vorüberfahren bewundern. Die Reisenden hoffen ein Hotel in der Nähe eines Sees zu finden. Fehlanzeige!
Die vorhandenen Hotels liegen mitten in der Stadt. Aber davon halten sie gar nichts. So geht die Fahrt weiter, bis nach Punkaharjuo in Karelien. Dort finden sie das Hotel „Finlandia", das ihnen schon in Porvo empfohlen wurde. Für einige Tage sind noch Zimmer frei. Nach Pfingsten ist das Hotel jedoch ausgebucht, gibt die Wirtin zu verstehen.
Also einigt man sich, erst einmal hier zu bleiben. Vielleicht findet sich später noch eine andere Möglichkeit!
Den neuen Gästen werden zwei nebeneinanderliegende Doppelzimmer im Erdgeschoß zugewiesen.
Ruth äußert, daß sie gern das Zimmer zum Garten hin-

*Hotelli Finlandia.
Ehemals Schlößchen eines russischen Zaren.*

aus bewohnen würde. Tora und Berti lassen es gar nicht erst auf eine Diskussion ankommen und nehmen das andere Zimmer, das zur Straßenseite liegt.
Anschließend, bereits mit dem Auspacken beschäftigt und über den bescheidenen Komfort des Zimmers räsonierend, vernehmen sie plötzlich einen spitzen Schrei!
Sie stürzen, ohne anzuklopfen, in das Zimmer der Freunde.
Die Tür zum Bad ist offen.
In der Badewanne steht eine schwarze Gestalt! Ruth, wie aus dem Moorbad entstiegen, starrt an sich herab.
Tora schiebt Berti zur Tür hinaus und wendet sich Ruth zu. Berti geht indessen in Richtung Balkon und findet Henri rauchend ans Geländer gelehnt und unverwandt in die Landschaft starrend.
„Was hast du mit deiner Frau gemacht?", fragt Berti.
„Wieso?" kommt es zurück.
„Na, Ruth ist doch ganz schwarz!"
„Warum?"
„Saudumme Frage, das weiß ich doch nicht!", kontert Berti.
„Ruth ist schwarz?", wiederholt Henri stereotyp.
Doch endlich bewegt er sich in Richtung Bad und stößt fast mit Tora zusammen.
Sie bringt die Erklärung.
Ruth wollte duschen und hat den Wasserhahn aufgedreht. Aus diesem kam zunächst einmal eine schwarze Brühe. Erschreckt drehte sie daraufhin den Hahn gleich wieder zu, anstatt das Wasser laufen zu lassen. Wenn das Wasser lange genug fließt, wird es immer sauberer und endlich quellfrisch.
Wieso das so ist, können sich die vier zunächst nicht erklären.

Noch vor dem Abendessen fragen sie an der Rezeption nach dem Grund für diese Erscheinung.
Erklärung: Das Wasser wird etwa hundert Meter vom Haus entfernt aus dem dahinterliegenden See entnommen. Wird nun ein Leitungsventil geöffnet, läuft eine Pumpe an, die aus der Tiefe des Sees dann das Wasser heraufbefördert. Da der Seeboden aber verschlammt ist, wird zunächst jedesmal das Sediment angesaugt. Nach kurzer Zeit jedoch strömt reines, klares Wasser nach!
Das müssen sich die Neuen unbedingt mal ansehen! Sie gehen hinter das Haus, an den See. Tatsächlich verläuft dort vom Haus her eine Rohrleitung in den See hinein, und man kann im klaren Oberflächenwasser ungefähr erkennen, wo das Rohr endet. Die Geschichte ist also geklärt!

Der besichtigte See lädt nicht gerade zum Baden ein. Seine Ufer sind dicht mit Schilf bewachsen.
Ein Boot, das sie bei dieser Gelegenheit aufspüren, ist nicht benutzbar. Ihm fehlen einige Planken und es ist deshalb nicht wasserdicht!

Nach dieser Exkursion begibt man sich in den Speiseraum. Die vier finden einen für sie reservierten und gedeckten Tisch vor. Etwas entfernt von ihnen sitzt eine laute, finnische Gesellschaft.
Die Freunde lassen sich aber von der fröhlichen Gruppe nicht stören. Sie essen und trinken à la carte.
Die Menükarte ist zum Glück in deutsch geschrieben! So wird die Wahl der Speisen nicht erschwert.

Nach dem Essen unternehmen sie noch einen Spaziergang. Die Sonne, die jetzt in diesen Breiten nie ganz untergeht, verursacht eine eigenartige Beleuchtung. Das ist den Neuankömmlingen völlig fremd!

Vorbei an einer Bahnstation, immer den Gleisen nach, gelangen sie in einen ausgedehnten Birkenwald. Die hellgrünen Blätter, von den flach einfallenden Sonnenstrahlen beleuchtet, erzeugen eine seltsame Stimmung! Sie hätten die halbe Nacht so laufen können, ohne daß sich das Licht verändert hätte.
Sie kommen an Bauernhäusern vorbei und sehen dabei Ziehbrunnen, die den ungarischen Brunnen in der Pußta nicht unähnlich sind!
Als sie dann doch endlich in den Betten liegen, hören sie noch lange einen Kuckuck rufen. Trotz Mitternachtssonne fallen ihnen schließlich die Augen zu. Es war ein langer Tag. Jedesmal, wenn Berti in der Nacht aufwacht, ist er verwirrt, weil die Dämmerung mit der Uhrzeit nicht übereinstimmt. Obwohl es ständig nach Morgen aussieht, ist der nachfolgende Tag noch lange nicht im Anbruch.

In der Frühe des nächsten Tages ist es nebelig und es nieselt. Das fehlte gerade noch! Hier schlechtes Wetter zu haben, dürfte unerträglich werden!

Allgemeines Treffen beim Frühstück.
Auch hier wieder Probleme mit der Verpflegung. Die auf einem Buffet bereitgelegten Speisen sind salzig, salzig und abermals salzig!! Das Brot hingegen schmeckt sehr gut. Also beschränkt man sich darauf, statt Butter und Wurst nur Marmelade und Honig zu essen. Duftender Kaffee steht auch hier in Thermokannen zur Selbstbedienung bereit.

Jetzt wird über das nächste Vorhaben diskutiert.
Henri ist dafür, sich das achtundzwanzig Kilometer entfernte Savonlinna anzusehen. Es gibt keine Einwände und bei dem derzeit herrschenden Wetter auch keine Alternative.
Also los!
Rein ins Auto und abgefahren.
Auf der Straße nach Savonlinna müssen sie eine Brücke passieren, die zugleich für die Eisenbahn bestimmt ist!
Wer darf nun zuerst?
Vor der Brücke steht eine kleine Bude mit einer strickenden, molligen Frau darin. Als sie das Auto der Freunde sieht, legt sie ihr Strickzeug weg und kommt vor die Tür. Sie zeigt auf eine grüne Tafel und winkt Henri zu, weiterzufahren. Gleichzeitig ertönt in der Bude ein Signal. Sie winkt heftiger.
Da muß wohl was im Anzug sein!
Na, dann nischt wie weg!
Henri gibt Gas und flitzt über die Brücke.
Kaum ist sie passiert, kommt ihnen auch schon mit lautem Gepfeife ein Zug entgegen.
Also, knapper konnte die Frau sie nicht hinüberwinken.
Henri schimpft wie ein Rohrspatz über diese waghalsige Organisation.
Nach kurzer Weiterfahrt wechselt das Wetter schlagartig von trüb auf Sonnenschein.
Aha, hinter der Brücke ist das Wetter besser!

Bei strahlendem Sonnenschein kommen sie in Savonlinna an. Henri stellt das Auto ab und die vier wandern durch die Straßen, vorbei an schönen alten Häusern, aber auch an vielen modernen Bauten.
Savonlinna ist die älteste Stadt Ostfinnlands und wurde

1639 am Saimaa-See gegründet.

Die Freunde gelangen bei ihrem Rundgang auch zur Burg Olavinlinna, einer mittelalterlichen Festung auf der Kyrönalni-Insel. Im Sommer wird dort Freilichttheater gespielt.
Mit von Studenten geruderten Booten wird man zur Insel übergesetzt. Auch bei denen stößt man auf Granit, wenn man zum Dank ein Trinkgeld anbietet!
Am Tor der Burg finden sie den Hinweis, daß Führungen auch in deutscher Sprache durchgeführt werden.
Sie gehen auf zwei Damen zu, die dort die Gäste erwarten. Die beiden sind in ihrem Habitus völlig unterschiedlich. Die eine groß und blond, die andere dunkel und zierlich.

Die Blonde begrüßt die Ankömmlinge, die sie als Deutsche erkennt, mit heiserer Stimme: „Wollen sie eine Führung?"
„Ja, gern", ist die Antwort.
„Ich bitte um Verzeihung, meine Stimme ist nicht in Ordnung, sie werden kaum verstehen, was ich zu erklären hätte", bemüht sie sich und fährt fort: „Wenn es ihnen recht ist, würde ich mich lieber von meiner Kollegin vertreten lassen. Die spricht allerdings nur englisch!"
„Das macht nichts", entgegnet Ruth.
Die Blonde bedankt sich nun für das entgegengebrachte Verständnis. Das zierliche, dunkelhaarige Persönchen übernimmt und führt die vier anschließend durch die Festung.
Sie spricht mit einer unwahrscheinlich sanften Stimme und bewundernswerten Gestik.
Berti ist vom Klang ihrer Stimme und ihrer Ausdrucks-

weise so fasziniert, daß er gar nicht mehr hört, was sie sagt, sondern nur noch auf ihre Art zu sprechen achtet. Er kann es nicht lassen, sie ausgiebig zu filmen. Leider ohne Ton!
Eine Stunde dauert die hochinteressante Führung durch das alte Gemäuer, die bei den vier Freunden einen nachhaltigen Eindruck hinterläßt.

Nach diesem Kulturgenuß ist es Zeit, zum Essen zu gehen. In der Ilavinkatu 53 finden sie das Ravintola Ukka Huovi.
Eine annehmbare Gaststätte, in der sie sehr gut speisen. Alkoholische Getränke bekommt man dort allerdings nur in Verbindung mit den bestellten Gerichten. (Bier oder Wein!)
In vielen anderen Lokalen ist es üblich, selbst ausländischen Gästen nicht vor zwölf Uhr Mittags alkoholische Getränke zu verabreichen.
Nach dieser leiblichen Stärkung bummeln sie noch durch eine Art Kaufhaus, um Souveniers einzukaufen.

Da gerade zu dieser Zeit das Schuljahr beendet ist, bevölkern ausschließlich festlich gekleidete Schülerinnen die Straßen. Die Mädchen tragen bunte Mützen und Blumensträuße und sind recht aufgekratzt. Sie lassen sich auch bereitwillig fotografieren.
Die wenigen Schüler dagegen fallen eher durch Farblosigkeit auf. Daß die karelischen Männer generell nicht zu den schönsten zählen, haben die Reisenden bereits vorher bemerkt.
Doch hier, in Verbindung mit den vielen reizenden Mädchen, ist der Gegensatz besonders kraß.

Am späten Nachmittag fahren die Freunde zurück nach

Punkaharjuo. Diesmal müssen sie bereits vor der erwähnten Brücke warten. Das Schild zeigt rot!
Endlich schnauft der Zug heran.
„Diesmal wäre ich längst vor ihm drüben gewesen", räsoniert Henri.

Im Hotel angekommen, fragt Berti: „Was machen wir mit dem angebrochenen Nachmittag?"
„Wir wollen noch einen Spaziergang machen", bestimmt Ruth. Wie verabredet treffen sich die vier nach kurzer Zeit wieder und marschieren in die Landschaft.
An einem See können sie ein Boot mieten und damit hinausrudern. Während der Fahrt wird viel gealbert. Aus reiner Lebensfreude.
Doch plötzlich wird Tora von irgendeinem Insekt ins Knie gestochen. Ein Mittel gegen Mücken haben sie im Gepäck, aber gerade jetzt natürlich nicht dabei.
Die Einstichstelle schwillt sofort schmerzhaft an. Tora versucht die wunde Stelle mit dem Wasser des Sees zu kühlen. Das lindert zwar im Moment, aber eine Beule entwickelt sich trotzdem. Nun macht das Bootfahren allen keinen Spaß mehr!
Sie kehren zurück ins Hotel. Tora pflegt erst einmal ihr lädiertes Knie. Inzwischen ist es wieder Zeit zum Abendessen. Die Menüfolge ist nicht viel anders, als am Tag zuvor.

Anschließend läuft man nochmals, von Kuckucksrufen begleitet, durch die Landschaft. Ruth steckt am Bahnhof von Punkaharjuo eine Grußkarte in den dort angebrachten Briefkasten.
Henris Bemerkung dazu: „Wir sind eher zu Hause, als die Postkarte!" Das klingt so, als hielte er nicht viel von der

Kartenschreiberei. Nach einstündigem Spaziergang ins Hotel zurückgekehrt, verabschiedet man sich mit guten Wünschen für die Nachtruhe.

Die Temperatur ist lau!
Tora und Berti sind der Meinung, daß man die Zimmerfenster trotz ebenerdiger Lage offen lassen kann.
Gegen Mitternacht – es ist natürlich nicht ganz dunkel – kommt eine Schar junger Leute unter lautem Schwatzen zum Tanzen ins Hotelrestaurant. Eine Kapelle, die schon während des Abendessens in einem Nebenraum intoniert hatte, ist ebenfalls zu hören.
Das Wiedereinschlafen fällt daraufhin schwer.
Die Musik reißt sie immer wieder aus ihren Träumen.

Endlich ist es Morgen.
Berti hechtet zu einem Waldlauf aus dem Fenster, da die Haustür noch verschlossen ist.
Es ist neblig, aber die kühle Morgenluft erfrischt ihn!
Durch das Fenster wieder eingestiegen – die Haustür ist noch immer verschlossen – weckt er liebevoll Tora.
Die räkelt sich verschlafen und fragt: „Ist es schon Zeit aufzustehen?"

Zum Frühstück trifft man sich mit Ruth und Henri. Diesmal liegen sogar gekochte Eier in einer Wärmemulde auf dem Buffet. Henri stürzt sich gleich darauf und sagt: „Die kann man ja wohl nicht versalzen" und nimmt sich zwei Eier.
„Koste erst einmal", frozzelt Berti. „Sollten die schmekken, hole ich mir auch zwei!"
Die Eier sind gut und haben die richtige Konsistenz.
Es wird daraufhin, unter Umgehung der salzigen Kost,

ausgiebig gefrühstückt.

Anschließend dann die obligatorische Frage: „Was machen wir heute?"
Tora ist dafür, noch einmal nach Savonlinna zu fahren.
Man hätte sich noch nicht alles Sehenswerte angeschaut!
Kein Veto von den anderen drei!

Beim Start ist es immer noch neblig.
Hinter der ominösen Brücke löst sich der Nebel auf und es wird wieder sonnig.
„Ich habe schon gestern gesagt, hinter der Brücke ist das Wetter besser", läßt sich Henri vernehmen.
„Wenn er recht hat, hat er recht", denken die anderen!

In Savonlinna parkt Henri den Wagen auf dem Markt, von dem aus sie zu einem Rundgang starten.
Später, nach einem sehr schönen ausgiebigen Spaziergang auf einer der vielen Inseln, kehren sie im Hotelli Ravintola Casino zum Essen ein. Es ist kurz vor zwölf Uhr. Henri bestellt Getränke
Die Kellnerin schüttelt den Kopf und deutet auf die Uhr! Was soll das, es ist zehn vor zwölf!
„Zehn Minuten warten, dann trinken", ist ihre Antwort in holprigem deutsch.
Die Kellnerin läßt sich jedenfalls nicht becircen! Ja, so streng sind hier die Bräuche!

Nach dem Essen spazieren sie zum Hafen von Savonlinna. Am Kai liegen einige Schiffe mit mehreren Oberdecks.
Einige Kabinentüren stehen offen.
Man kann Zwei- und Vierbettkabinen sehen.

Nach einigem Eruieren stellt sich heraus, die Dampfer machen Mehrtagestouren über die finnischen Seen oder schippern den Saimaa-Kanal entlang, bis zu den von Rußland gepachteten Gebieten der finnischen Bucht. Interessant, aber so hinreißend auch wieder nicht für sie, eine solche Fahrt zu buchen.

Man würde ja doch nur immer das Gleiche sehen: Wasser und Wälder.

Im Hafen von Savonlinna.
Die Freunde tauften diese Schiffe „Mississippidampfer".

Bei ihrem weiteren Rundgang stoßen sie auf einige mehrsitzige Wasserflugzeuge. Lufttaxis, die auch längere Strecken zurücklegen.
Henri ist sofort begeistert! Ein Rundflug wäre doch eine feine Sache!
„Das kommt auf den Preis und die Dauer an", entgegnet Berti. Sie schlendern einigermaßen interessiert an die Maschinen heran.
Es sind sehr schnittige Flugzeuge darunter. Man mustert und begutachtet!
Soll man, oder soll man nicht? Totale Unentschlossenheit macht sich breit!
Während eines Fluges würde man natürlich, auf Grund des Überblicks, in kurzer Zeit wesentlich mehr sehen als auf einem Dampfer in zwei Tagen!
Die Gedankengänge der vier hat wohl ein Pilot erahnt.

Denn plötzlich steht ein Mann neben ihnen und redet auf sie ein.
„Stop, stop, stop", bremst Henri dessen Redefluß.
„Sprich deutsch und wir werden uns verständigen!" Der so Angesprochene entschuldigt sich in gebrochenem Deutsch und bietet folgendes an:
Sofort eine Stunde Rundflug über die Seen, oder morgen früh ein Flug zum nördlichen Polarkreis und zurück, mit Aufenthalt in Rovaniemi. Das klingt ja sehr reizvoll!
Doch bevor Henri sich auf ein weiteres Gespräch einläßt, will er erst wissen, welche Maschine für den langen Flug in Frage kommt. Der Pilot deutet auf ein Flugzeug, das allen schon vorher angenehm aufgefallen ist.
Es sieht sehr vertrauenerweckend aus!
Jetzt wird um den Preis gefeilscht.
Bei dem sich dabei entwickelnden Palaver, durch das

kaum noch einer durchschaut, führt Henri das große Wort.
Endlich mischt sich Ruth in die Debatte ein: „Henri, du hast die anderen beiden gar nicht gefragt, ob sie mit deinem Vorschlag überhaupt einverstanden sind?"
Tora und Berti sind tatsächlich noch unentschlossen! Sie haben es außerdem gar nicht gern, wenn über ihre Köpfe hinweg Entscheidungen getroffen werden!
So verlockend die Angelegenheit auch ist. Auch spielen dabei weniger die Kosten eine ausschlaggebende Rolle als vielmehr die Tatsache, daß man fast einen ganzen Tag in der Luft sein würde und vor allem, ob sich dieser Flug überhaupt lohnt!
Henri hat seine Ruth schließlich überredet mitzukommen. Berti macht noch einen schwachen Versuch, Tora und sich aus der Luftreise herauszuhalten:
„Wenn ihr beiden fliegen wollt, dann tut es doch. Wir beschäftigen uns einen Tag lang allein."
Da sind sowohl Henri als auch Ruth empört! „Das machen wir entweder gemeinsam, oder gar nicht", meinen beide.
Schließlich ist die Einstimmigkeit für das Unternehmen hergestellt. Sie verabreden sich mit dem Piloten.
Man wird am nächsten Tag um acht Uhr am Hafen sein. Die Bezahlung wird nach Beendigung des Fluges erfolgen.
Das hat Henri durchgesetzt!
Also, für morgen alles klar!

„Oh, müssen wir dann aber früh aufstehen", stöhnt Henri, der Langschläfer. Dann fährt die Gruppe nach Punkaharjuo zurück. Das kommende Ereignis hat sie alle in Hochstimmung versetzt.

Henri übt sich auf der Fahrt zum Hotel schon als Pilot! Aber Sturzflüge versucht er, Gott sei Dank, bei dieser Gelegenheit mit seinem Auto nicht.

Der Abend ist mit Diskussionen über notwendige Bekleidung und das, was man sonst noch alles mitnehmen muß, ausgefüllt.
Der nachfolgende Schlaf wird von wilden Träumen durchwoben. Berti erlebt den kommenden Flug gewissermaßen schon im voraus. Ruth und Henri ging es ähnlich, wie sie am Morgen gestehen.
Das Frühstück fällt recht karg aus! Keiner getraut sich viel zu essen. Wegen der Luftkrankheit und so!
Schließlich fliegt man mit einer relativ kleinen Maschine. Wie man eventuelle Turbulenzen verkraften wird, weiß ja keiner. Ob der Pilot wohl seine Passagiere arg durchschütteln wird, oder ob er ein besonnener Flieger ist?
Bloß keine komischen Gedanken aufkommen lassen! Abwarten und Tee trinken.

Um halb acht fährt Henri mit seinen Begleitern los und ist pünktlich beim Flugtaxi.
Der Pilot begrüßt seine Crew und fragt, wer wo sitzen möchte? Die Maschine ist fünfsitzig. Es braucht also keiner zu drängeln! Die Damen entschließen sich für die hinteren Sitze.
Es muß sich also nur noch entscheiden, ob Berti oder Henri beim Piloten sitzen will. Henri ist dafür, das Berti vorn sitzen soll.
Mit der Begründung: „Du warst mal Segelflieger, vielleicht kannst du dem Piloten helfen, wenn es nötig ist!"
Es klingt zwar wenig optimistisch, aber Berti läßt das Argument gelten. Also einsteigen.

Das ist gar nicht so einfach. Sie müssen erst auf die Schwimmer steigen und von dort in die Kiste klettern. Die beiden Frauen steigen als erste ein und setzen sich hinten jeweils nach außen. Dann folgt Henri und läßt sich zwischen beiden nieder. Er fühlt sich so sicher verpackt. Berti kriecht nach und nimmt den Platz neben dem Piloten ein, der zum Schluß einsteigt.
Türen zu!
Fertig!

Der Pilot meldet sich per Mikrofon bei der Leitstelle:
Foxtrot, delta, juliet, seven one, ready for take off – over!"
Aus dem Lautsprecher klingt es zurück:
„Foxtrot, delta, juliet, seven one, start – over!"
Der Motor wird angelassen. Der dreiflügelige Propeller dreht noch mit geringen Touren.
Der Pilot wieder an die Leitstelle:
„I'm flying – over." Dabei schiebt der Flugzeugführer den Gashebel ganz nach vorn durch.
Der Propeller rast.
Die Maschine setzt sich in Bewegung und die Schwimmer rauschen durch das Wasser des Sees. Unter ihnen spritzt die Gischt hoch und das Flugzeug macht ein paar Hopser. Die Passagiere werden etwas von den Sitzen gehoben.
Ruth darauf: „Ich dachte wir wollen fliegen, stattdessen reiten wir!"
Der Pilot muß wohl sinngemäß verstanden haben. Er lacht und sagt: „Gleich haben wir den Start hinter uns!"
Er zieht das Steuer zu seinem Bauch hin, das Flugzeug hebt die Nase und hat im nächsten Moment abgehoben. Es geht in den Steigflug über.
Ein bißchen Kribbeln im Magen und Knacken in den

Ohren stellt sich ein.
Berti blickt interessiert auf das Amaturenbrett und findet das Variometer. Es klettert. Dreihundert, fünfhundert, achthundert, tausend feet. Jetzt geht der Pilot in den Horizontalflug über. Er dreht noch eine weite Kurve über Savonlinna, richtet das Flugzeug wieder auf und geht auf Kurs Nord-Nord-West, Richtung Rovaniemi.
Die Maschine steigt nur noch wenig. Der Flugzeugführer will seinen Fluggästen die Landschaft aus der Nähe zeigen. Sie sehen alle vier hinunter.
Die Seen blinken herauf, wie zufällig vergossenes flüssiges Silber. Dann wieder tiefblaue Wasseraugen. Dazwischen die dunklen Waldflächen.

Der Wechsel der Landschaft ist sehenswert!
Vom Boden aus ist die Vielfalt der Seengruppen und Inseln weder sichtbar noch vorstellbar.
Insofern ist es schon mal interessant, in die Luft zu gehen!
Je weiter sie nach Norden fliegen, desto geringer werden die Seenflächen.
Nach einer Stunde Flug setzt der Pilot zur Wasserung in Vaala an. Berti sieht den Flugzeugführer fragend an.
Der nickt und sagt: „Nachtanken!"
Es wird als gar nicht schlecht empfunden, sich während dieser Zwangspause die Füße vertreten zu können.
Dann erneuter Start.
Einkurven in den richtigen Kurs.
Es begegnen ihnen einige etwa gleichgroße Flugzeuge.

Berti fragt nach dem speed.
So dreihundert km/h, entgegnet der Pilot.

Finnland aus der Luft gesehen.
Ein Blick aus dem Seitenfenster des Flugzeuges.

Der Wald unter ihnen wechselt in eine Art Tundra über. Im Norden und Nordosten werden schneebedeckte Berggipfel sichtbar. Das Haltiatundurigebirge, mit etwa dreizehnhundert Metern Höhe. Jetzt wird das Flugzeug auf fünfhundert feet heruntergezogen.
Der Kapitän deutet nach unten. Da zieht eine riesige Rentierherde, von einigen Lappen in ihrer typischen Tracht begleitet, vorüber.

Henri zückt sofort seine Filmkamera.
Seine Bemerkung: „Endlich mal ein richtiges Motiv!" Der Piloṫ hat das Interesse an diesem Schauspiel erkannt und dreht noch eine Kurve.
So bekommt Henri noch einmal eine richtige „Totale" auf den Film!

Nach zweieinhalb Stunden Flug kommt Rovaniemi in Sicht! Der Pilot greift wieder zum Mikrofon, um sich bei der Leitstelle zu melden:
Here foxtrot, delta, juliet, seven one, landing approach free?"
Antwort aus dem Lautsprecher:
„Foxtrot, delta, juliet, seven one, come on!"
Noch ein paar Stöße beim Wassern, dann setzen sie sicher auf.
Die Mannschaft klettert aus der Maschine und die vier bedanken sich beim Piloten für den guten Flug!

War ja nicht schwierig, bei dem guten Wetter und ohne nennenswerten Wind, erwidert dieser.
Für den Rückflug wird noch eine genaue Zeit verabredet, dann trennt man sich.
Ein Kleinbus bringt sie in die Stadt.
Hier sieht man sich um.
Die Temperaturen liegen schon deutlich unter denen, die die Reisenden bisher erlebt haben. Es erweist sich als richtig, Strickjacken und Mäntel mitgenommen zu haben. Nun meldet sich auch der Hunger!
Der Pilot gab vorher noch einen Tip, wo sie gut essen könnten. Er selbst will nicht mitkommen. Er möchte in der Kantine der Leitstelle etwas zu sich nehmen. Das sei für ihn billiger, sagt er.

Die Freunde finden das vorgeschlagene Restaurant. Dort ist jedoch die Verständigung schwierig. Deutsch versteht man hier sowieso nicht. Mit englisch hapert es auch. Bleibt nur die Zeichensprache.
Es ist sehr mühsam, aber es geht. Nach einigem Hin und Her werden tatsächlich die Gerichte gebracht, die man gewünscht hat.

Henri meint gut gelaunt: „So ein Rentiersteak schmeckt doch recht gut!" Dem können die anderen drei nur zustimmen.
Als Vorspeise gibt es frischen, gegrillten Lachs. Dazu finnisches Bier, das allerdings recht dünn ist.

Nachdem sie noch ein wenig in der Stadt herumspaziert sind, ist es Zeit, sich in Richtung Flugtaxi zu bewegen. Sie finden den Bus, der sie zur Maschine bringen soll, gleich wieder.
„Wie habe ich das gemacht?", schmeißt sich Henri in die Brust!
„Klasse", ist die einhellige Antwort.
Sie sehen das Flugzeug an der Pier und gehen darauf zu. Der Pilot hat den Kopf in der Motorhaube stecken.
„Na, hoffentlich keine Panne", meldet sich Tora. Die Stimmen hinter sich hörend, kriecht der Mann aus dem Kasten. Er winkt.
„Nur eine kleine Kontrolle", sagt er.
Seine Passagiere klettern wieder auf ihre angestammten Plätze.
Berti fragt vorsichtshalber Henri: „Willst du eventuell auf dem Rückflug vorn sitzen?"
„Nee, ich fühle mich da hinten ganz wohl", antwortet dieser.

Dann vollzieht sich abermals der Ritus des Abmeldens und der Freigabe. Das Flugzeug startet.
Erneut ein paar Rumpler, und dann fliegt man wieder.

Kurs Süden.
Berti wendet verhalten ein, daß es nun doch wohl Süd-Süd-Ost gehen müßte. Der Pilot stimmt zu, aber er hat vor, seinen Fluggästen noch die Westküste Finnlands zu zeigen. Einverstanden.
Der Mann ist gut, der hat sich was bei seiner Aufgabe gedacht!

Diesmal fliegt die Maschine threethousand feet hoch! Ein herrlicher Blick auf den Bottnischen Meerbusen, oder wie die Finnen sagen – Parämer – und die im Dunst liegende schwedische Ostküste bietet sich ihnen dar.
Man fliegt über Oulo und wassert bei Vassa zwischen, um abermals zu tanken. Die Freunde trinken in der dortigen Cafeteria der Basis Kaffee und besuchen nebenbei auch das 00.
Anschließend geht es weiter bis auf die Linie von Kaskö. Dort macht der Pilot einen Schwenk nach Osten, in Richtung Savonlinna. Hierbei werden die Städte Jiväskyla und Kangasniemi überflogen.
Bei Juva geht es dann tiefer, und Savonlinna wird jetzt angesteuert. Bald sehen die Insassen die Festung Olavinlinna aus dem See ragen. Berti fotografiert den Anflug.

Die Wasserung empfinden die Fluggäste als sehr sanft. Sie sind eben inzwischen schon geübte Wasserflugzeug-Passagiere! Jetzt raus aus der Kiste.
Wieder festen Boden unter den Füßen zu haben, ist auch ein gutes Gefühl!

Henri geht mit dem Piloten in die Agentur und begleicht die Rechnung. Mit einem herzlichen Händedruck verabschieden sich die vier von ihm und bedanken sich für den schönen Flug!

Als sie wieder im Auto sitzen, ist die einhellige Meinung: Ein tolles Erlebnis, der Tausendkilometerflug!!

Kurz vor dem Landeanflug in Savonlinna grüßt die Burg Olavinlinna.

Henri fährt seine Flugbegleiter ins Hotel zurück.
Nach dem Abendessen sitzen sie noch lange beieinander und lassen den Tag Revue passieren!
Das nächste, sehr wichtige Thema, ob man noch länger in Punkaharjuo bleiben soll. Das Hotel liegt doch recht einsam und abseits. Die Umgebung kennt man schon recht gut von Spaziergängen und Ausflügen. Und immer wieder nach Savonlinna zu fahren, hat nach diesem Höhepunkt auch keinen Sinn mehr!

Da blitzt bei Henri ein Gedanke auf: „Wir fahren morgen bereits nach Helsinki zurück und sehen zu, daß wir eine frühere Passage nach Deutschland bekommen!"
Ruth und Tora meinen, das sei zu riskant. Wenn das nicht klappt und man in Helsinki noch immer keine Übernachtungsmöglichkeit findet, was dann?
Berti meint: „Hängen wir noch einen Tag dran und gehen morgen in Savonlinna ins Reisebüro und erkundigen uns nach einer entsprechenden Passage auf der „Finlandia". So wird es dann ausgemacht!

Nach dem Frühstück fahren sie auf der bekannten Strecke abermals in die Stadt.
Sie suchen und finden das Matkatoimisto (Travel-Büro) und gehen hinein. Ruth wurde bereits einhellig mit der Verhandlungsführung am Schalter betraut!
„Es handelt sich um die Rückreise nach Travemünde", verkündet sie in englisch.
„Da haben sie aber Glück, morgen kommt die „Finlandia" wieder an, und es sind noch Kabinen ihrer Klasse frei", antwortet man ihr auf deutsch, nach einer kurzen telefonischen Rückfrage bei der Finlandia-Linie.
Großer Jubel!

Die vier sind aus dem Häuschen!
Sie lassen sich die neue Passage quittieren und gehen anschließend noch einmal ins Casino zum Essen.

Am Nachmittag dieses Tages werden sie ihre Koffer packen und die Hotelrechnung begleichen, damit sie am anderen Morgen recht früh die Rückreise antreten können.
Am letzten Morgen ihres hiesigen Aufenthalts wird noch einmal, unter Umgehung der salzigsten Kost, ausgiebig gefrühstückt. Da sie sich ohnehin selbst bedienen müssen, können sie den Zeitpunkt ihrer Abreise frei bestimmen. Bereits um sieben Uhr sind sie reisefertig.
Sie können sich noch von der Chefin des Hauses verabschieden, da diese gerade die Haustür aufschließt.
Das Gepäck in den Wagen zu verfrachten, geht schnell.
Die Crew hat ja schon Übung darin!
Die Plätze der Gepäckstücke sind bekannt und vertraut!

Man fährt in einen sonnigen Tag!
Ruth mimt den Copiloten und dirigiert die Route nach der Karte.
Diesmal über Savonlinna – ade, du ulkige Brücke – Juva, Mikkeli, Lathi, Mäntsälä nach Helsinki.
Porvo wird diesmal nicht berührt!!

Sie bewegen sich auf gut befahrbaren, fast schnurgeraden Straßen, die nur etwas wellenförmig verlaufen.
Henri kann nie die gesamte Strecke einsehen.
Da die Straßen nicht sehr breit sind, muß der Chauffeur trotz der Geradlinigkeit vorsichtig fahren!

Sie kommen noch am Vormittag in Helsinki an.

Henri fährt direkt zum Kai und stellt das Auto bei der Anlegestelle der „Finlandia" ab.

Helsinki

Da sie sehr früh an Ort und Stelle sind, steht ihre Limousine an erster Stelle am Verladeplatz.
Nachdem der Wagen gesichert ist, schließt sich eine Stadtbesichtigung an. Man beginnt gegenüber dem Südhafen, am imposanten, weithin sichtbaren Parlamentsgebäude und geht von dort weiter in die Innenstadt. Hier empfängt sie der übliche Großstadtverkehr. Als ruhige-

rer Zufluchtsort bietet sich ein großes Kaufhaus an. Man sieht sich um und macht Qualitäts- und Preisvergleiche. Ruth läuft die ganze Zeit mit der Kurstabelle in der Hand von Abteilung zu Abteilung.
Auf diese Weise kommt man in die Schmucketage. Berti kauft Tora einen Ring aus Lappengold mit Perlen verziert. Ein Andenken an diese Reise!

Als sie bei ihrem weiteren Rundgang am Hotel „Marski" in der Mannerheimintie 10 vorüberkommen, beschließen sie, dort zu essen.
Ein großer Speiseraum nimmt sie auf. Sie suchen sich einen Tisch in günstiger Lage aus, von dem aus man das Geschehen im Saal gut übersehen kann. Noch herrscht nicht viel Betrieb. Sie können in Ruhe ihre Bestellungen aufgeben. „Laß dir keine Eile!", sagt Henri zu Berti. Der ist heute wieder ein Schelm, der Henri!

Angenehm ist auch, daß man sich mit der Bedienung wieder in deutsch verständigen kann. Beim Essen wird auch nicht gehudelt!
Die „Finlandia" läuft erst am späten Nachmittag in den Hafen ein. So schlendern sie später abermals durch verschiedene Teile der Stadt.

Sehr auffällig sind hierbei die vielen betrunkenen Männer, die sie sehen! Es hat anscheinend gerade die monatliche Spirituosenzuteilung gegeben. In der Nähe einer solchen Abgabestelle sehen sie einen Mann mit einer Flasche in der Hand aus dem Laden kommen. Er geht auf die nächste Laterne zu, umschlingt den Laternenpfahl und trinkt die Flasche in einem Zug leer, gleitet langsam zu Boden und schläft auf der Stelle ein!

Nur wenig später taucht dann ein blauer, geschlossener Wagen auf. Zwei athletische uniformierte Männer springen heraus, verladen in Windeseile den am Boden liegenden Trinker in das Fahrzeug und brausen davon. Derartige Beobachtungen machen sie an diesem Nachmittag noch einige Male!
Schon eine komische Methode, das übermäßige Trinken einschränken zu wollen. Das „Aufräumen" ist jedenfalls gut organisiert!
Andere Länder, andere Sitten, kann man da nur sagen!

Auf dem Weg in Richtung Hafen kommen die Wanderer am Esplanaadi Kapelli vorüber. Sie haben Appetit auf Eis.
Sie lassen sich auf der Terrasse nieder. Es herrscht dort ein reger Betrieb. Sie bestellen die gewünschten Eisportionen, müssen aber sehr lange warten, bis der Ober der Bestellung nachkommt!
Auf je einem Suppenteller angerichtet, bekommt jeder zwei halbangetaute Eiskugeln mit kandierten Früchten und einer Art Schokoladensoße serviert. Dazu Suppenlöffel!
Die sind so groß, daß man damit eine Kugel auf einmal aufnehmen kann. Mit solch einem Monstrum essen zu müssen, ist schon eine Zumutung!
„Dem Lokal ist wohl das Besteck ausgegangen", bemerkt Henri witzig. Daß jede Portion auch noch sechs Finnmark kostet, liegt schon nahe beim Nepp. Die Freunde sind ein wenig ungehalten!
Damit haben sie ausreichend genug von der hiesigen Gastlichkeit.
Also, weiter, langsamen Schrittes, zum Hafen.
Die „Finnlandia" hat bereits dort angelegt.

Man wartet auf den Beginn der Landungskartenausgabe und betrachtet bis dahin interessiert den Betrieb. Schiffe kommen und andere fahren wieder hinaus. Es ist ständig etwas los.
Ruth vertieft sich inzwischen in ein Gespräch mit einer Dame, die ebenfalls auf den Einlaß in die Fähre wartet. Sie ist also hinreichend beschäftigt. Henri filmt einige Szenen am Kai.

Endlich werden die Schalter geöffnet, die Pässe abgestempelt und die Freunde erhalten ihre Bordkarten mit der Kabinennummer.
Henri fährt sogleich den Wagen in den Bauch des Schiffes. Tora und Berti, die ihre angewiesene Kabine aufsuchen, finden sie bereits belegt.
Berti rast zurück zum Schalter.
Dort wartet aber inzwischen eine lange Schlange von Passagieren. Es bleibt ihm nichts weiter übrig, als sich dazwischenzudrängeln. Das ist sonst nicht seine Art. Aber er will Tora nicht zu lange im Ungewissen lassen.
Es gibt natürlich lauten Protest seitens der Wartenden.
Endlich am Schalter angelangt, erklärt er dem Beamten die gegebene Situation.
Dieser entschuldigt sich und bringt die Sache in Ordnung. Man hat anscheinend diese Kabine zweimal vergeben!
Erleichtert saust Berti mit einer anderen Kabinennummer zum Schiff zurück. Tora wartet schon ungeduldig auf dem Gang.
Sie befürchtete schon, als blinder Passagier mitreisen zu müssen. Berti findet mit Hilfe einer charmanten Stewardesse die jetzt richtige Kabine und sie können ihr Gepäck verstauen. Puh, das wäre geschafft!!!

Die „Finlandia" im Südhafen von Helsinki.

Ruth und Henri sind mit sich selbst beschäftigt und bekommen die Aufregung ihrer Freunde gar nicht mit!

Die vier Freunde treffen sich erst beim Dinner wieder. Henri hat bereits die Platzreservierungen vornehmen lassen. Jetzt erzählen Tora und Berti, was ihnen inzwischen passiert ist!
„Ihr brauchtet doch mit dem Buchungsbescheid aus Savonlinna nur zum Zahlmeister zu gehen, der hätte das regeln müssen", sagt Henri lakonisch.
„Und wo hätte ich bei dem Trubel den Zahlmeister gefunden?" fragt Berti.
Henri zuckt nur mit den Schultern.
„Na also", beendet Berti die Debatte.

Sie setzen sich nun zu Tisch.
Es ist eigentlich sehr schön, wieder an Bord zu essen. Sie genießen das Menü sichtlich.

Krabbenschnitten
schwedisch, mit Eierscheiben garniert.

Maksalaatikko,
Leberschnitten, mit Preiselbeeren
und Butterkartoffeln.

Dänischer Nudelsalat,
dazu Bier und Aquavit!

Rentiersteak,
mit Kroketten,
dazu Rotwein.

Himmelsk Lapskaus,
norwegischer Obstsalat.

Nach gehabtem Genuß geht man an die Bar!
The bar is open!
Sie schwingen sich jeder auf einen Barhocker und schlürfen raffinierte Coctails.
A votre santé!
Henri, jetzt wieder voll in Form, macht seine Späße mit den Damen der Bedienung. Es ist sehr lustig und amüsant!

Das Schiff macht längst volle Fahrt in Richtung Deutschland. Aber diesmal ohne Schlingern und stampfende Bewegungen. Die Fähre gleitet ruhig durch die Ostsee.
Kein Sturm beeinträchtigt die frohe Stimmung und das Wohlbefinden der Passagiere!

An der Bar kann man sich ganz schön festtrinken.
Einer geht noch immer rein! Aber schließlich übermannt sie doch die Müdigkeit.
Sie suchen ihre Kabinen auf.
Vor der Tür noch ein gegenseitiges „Gute Nacht, schlaft gut!"
Dann kriecht man in die Kojen.
Tora und Berti schlafen in dieser Nacht sehr gut und kein Kuckuck schreit unaufhörlich!

Beim Breakfast treffen sich die Freunde wieder.
Große Begrüßung!
Die Luft ist klar und das Wetter wie Seide. Der Dampfer läuft mit „Voller Kraft voraus!"
Die Besatzung macht auf den Sonnendecks die Liege-

stühle klar. Die Passagiere räkeln sich in der Sonne und lassen den Fahrtwind über die Haut streichen.
Ein Teil der Fahrgäste flaniert auf den Decks, trifft Bekannte und plaudert miteinander.
Einige tummeln sich bereits am Schwimmbecken.
Auf dem Achterdeck lagern die Billigreisenden. Sie dürfen die übrigen Decks nicht betreten. Auch die Räumlichkeiten der Ersten- und der Touristenklasse sind für diese Gruppen tabu!
Die Besatzung achtet streng auf die Einhaltung dieser Order!

Das süße Nichtstun wird nur durch Lunch und Dinner unterbrochen.
Menü:

Scamoi,
norwegisch,
mit Sahnemarinade und Reis.

Sienisaalti,
Pilzsalat mit Toast.

Tivoli-Schinken,
mit Toast und Butter.

Mørbrad med Swensker og Aebler,
gefüllter Schweinebraten
mit Salzkartoffeln.

Kermakakku,
finnischer Rührkuchen mit Tee.

Abends sitzen die vier noch lange im Salon und genehmigen sich einige Flaschen Pommery.
Ein Pianist intoniert flotte Tanzmusik.
Es wird ausgiebig geschwoft!
Doch dann ist auch dieser Tag zu Ende.

Am anderen Morgen ist Berti sehr früh an Deck und filmt das Anlegemanöver in Kopenhagen.
Die „Finlandia" läuft planmäßig um sieben Uhr ein!
Es gehen nur wenige Leute von Bord, um sich Kopenhagen anzusehen. Um zehn Uhr legt die Fähre wieder ab.
Jetzt bleiben nur noch wenige Stunden, bis das Schiff Travemünde erreicht haben wird.

Und der gemeinsame Coup, was ist aus dem geworden?
Nichts weiter!
Es handelte sich um die vorgeplante Reise nach Finnland.
Sonst nichts!
War doch abenteuerlich genug!
Oder?

Entstandene Ähnlichkeiten waren beabsichtigt!

FINNLAND

DM	ca. Markka	Markka	ca. DM
0,10	0,11	0,10	0,09
0,25	0,28	0,25	0,22
0,50	0,57	0,50	0,44
1,—	1,14	1,—	0,88
2,—	2,28	2,—	1,76
3,—	3,41	3,—	2,64
4,—	4,55	4,—	3,52
5,—	5,69	5,—	4,40
6,—	6,83	6,—	5,27
7,—	7,96	7,—	6,15
8,—	9,10	8,—	7,03
9,—	10,24	9,—	7,91
10,—	11,38	10,—	8,79
20,—	22,75	20,—	17,58
30,—	34,13	30,—	26,37
40,—	45,51	40,—	35,16
50,—	56,88	50,—	43,95
60,—	68,26	60,—	52,74
70,—	79,64	70,—	61,53
80,—	91,01	80,—	70,32
90,—	102,39	90,—	79,11
100,—	113,77	100,—	87,90

Für An- und Verkauf sind die Tageskurse maßgebend

I 284 899 O

Die Kurstabelle braucht Ruth nun nicht mehr!

Von dem selben Autor sind bereits erschienen:

Einmal Italien und zurück
Kriegserinnerungen

Verkauft für ein Linsengericht
Eine Flucht aus Ostberlin

Jimmy der Jeep
Geschichte eines Autos

Ein Käfer und vier
Über eine Italienreise,
als Tourismus noch ein Fremdwort war

Es werde Licht
Vom Kinspan zur Entladungslampe